浦口火车站
颐和路公馆区
朝天宫
1937.12.13
-1938.1
侵华日军南京大屠杀遇难同胞纪念馆

玄武湖

玄武湖东映紫金山，西南以明城墙为屏障。因历史上位于六朝都城之北得名，又名北湖。

湖堤衔洲，天开图画。玄武湖由环洲、樱洲、菱洲、梁洲、翠洲相连而成，犹如五块翠玉，温婉美丽。这里有『郭璞仙墩』『台城烟柳』『后湖印月』『皇册怀古』『长堤落照』等知名景观。游览四季，别有况味：春在淡淡柳烟中，夏游田田莲叶间，秋醉菊花怒放时，冬赏樱花缤纷下，此乃绝佳的城市休闲胜地。

中山陵

中山陵位于东郊的钟山南坡，是中国民主革命先行者孙中山先生的陵墓。陵区遍植松樟桧柏，林涛阵阵，郁郁青青。

中山陵坐北朝南，由牌坊、墓道、陵门、碑亭、祭堂和墓室组成。沿着三百九十二级台阶拾级而上，可见『博爱』『天下为公』『民族、民权、民生』的匾额庄严高矗。它依山而建，呈『自由钟』形，为中国近代建筑史上的代表作，被列为全国重点文物保护单位。

明孝陵

明孝陵坐落在钟山南麓玩珠峰独龙阜下，是明太祖朱元璋和马皇后的合葬陵墓。为全国重点文物保护单位，二〇〇三年成为世界文化遗产。

现存下马坊、大金门、四方城、石像生、石望柱、文臣武将、棂星门、文武方门、碑亭、享殿、方城、明楼、宝城、宝顶等。其规模宏大，陵垣周长二十二点五千米，是中国古代最大的帝王陵墓之一。

南京博物院

南京博物院位于中山门内，占地七万多平方米。前身为国立中央博物院，为全国三大国家级博物院之一，是一座大型综合性历史博物馆。

此院于一九三三年由蔡元培等人倡议创立，建筑大师梁思成设计主楼，为近代建筑史上的杰作。其历史馆是南京博物院的核心部分，展示从远古至明清的文物，还有特展馆、艺术馆、民国馆等特色展厅。拥有各类藏品四十三万余件（套），全国一流珍品二三十万件，不愧为一座巨大的中华民族文化艺术宝库。

总统府

总统府位于长江路，占地面积五万多平方米。现辟为南京中国近代史遗址博物馆，列为全国重点文物保护单位。

一千七百年前，此处为孙吴宫城，明初为汉王府，清代为两江总督署，太平天国定都天京（今南京）后扩建为天王府。一九一二年，孙中山在此宣誓就职中华民国临时大总统，后为南京国民政府总统府，这里多次成为中国政治军事的中枢、重大事件的策源地。

六朝博物馆

六朝博物馆是中国展示六朝文物最全面的遗址博物馆，也是反映六朝文化最系统的专题博物馆。主体建筑由世界著名建筑大师贝聿铭之子——贝建中先生领衔的团队设计。

馆内展出青瓷器、陶俑、墓志、建筑构件、石刻、书画等大量珍贵文物，设有『六朝帝都』『回望六朝』『六朝风采』『六朝人杰』四大展厅。位于馆内的建康城城墙遗址则为引人瞩目的考古发现。

明城墙·中华门

明朝建造的南京都城包括宫城、皇城、京城和外郭四重城墙。现存的南京城墙，即第三圈城墙——京城。它东傍紫金山，南凭秦淮河，西据石头城，北控玄武湖，蜿蜒盘桓约三十五公里，是世界第一大城垣，为全国重点文物保护单位。

明初开有十三座城门，其中聚宝门（今中华门）是保存最完好、设计最精巧、结构最复杂的城门，有『天下第一瓮城』之美誉。

夫子庙·秦淮风光带

秦淮河是南京的『母亲河』，是孕育金陵古老文化的摇篮。流经城内的部分，全长约五千米，史称『十里秦淮』，这里是秦淮河的精华之所在。

六朝以来，以夫子庙为中心的十里秦淮两岸大族聚居，商贸繁华，文教兴盛，人文荟萃。乌衣巷的人物风流，夫子庙的儒学风雅，贡院里的科考风物，秦淮河的画舫风情，老门东的烟火风味，萃集了南京历史文化的精彩。

甘熙宅第

甘熙宅第位于南捕厅和大板巷之间，建成于清朝嘉庆年间，占地面积九千五百多平方米，俗称『九十九间半』，是中国大城市中现存规模最大、形制最完整的古民居建筑，现为全国重点文物保护单位。

甘熙宅第整个建筑群的砖雕门额、花厅、绣楼等基本完好。门前『德尚圣贤，炎凉世事三更梦；志存淡泊，风雨人生一部书』的楹联、大厅『友恭堂』的匾额，以及『孝义传家政，诗书裕后昆』的堂联，概括了宅第主人的精神境界。

朝天宫

朝天宫位于水西门内，是江南地区现存建筑等级最高、规模最大、保存最为完整的明清官式古建筑群落。

南朝时曾为总明观所在地，明朝为朝廷举行盛典前练习礼仪之所，也是文武官员学习朝见天子的地方。清末为江宁府学。现为南京市博物馆，被列为全国重点文物保护单位。壮观的朝天宫，主要建筑有万仞宫墙、泮池、棂星门、大成门、大成殿、崇圣殿等，具有极高的历史、艺术和科学价值。

侵华日军南京大屠杀遇难同胞纪念馆

纪念馆位于水西门大街四百一十八号，选址于侵华日军南京大屠杀江东门集体屠杀遗址和遇难者丛葬地，是全国首批爱国主义教育示范基地、全国重点文物保护单位，也是国际公认的二战期间三大惨案纪念馆之一。

主体建筑用灰白色大理石砌筑而成，是一处以史料、文物、建筑、雕塑、影视等综合手法，全面展示南京大屠杀特大惨案的专史陈列馆。前事不忘，后事之师。这里已然成为呼唤和平、振兴中华的庄严殿堂。

阅江楼

阅江楼位于狮子山巅，总高一百三十多米，下临浩渺长江。明初，朱元璋决定在狮子山建造楼阁，钦命『阅江楼』，并以此为题，亲撰《阅江楼记》和《又阅江楼记》，大学士宋濂也撰有《阅江楼记》，只可惜空有名篇。二〇〇一年，阅江楼建成，结束了六百年来『有记无楼』的历史。

游人登上阅江楼眺望，既可览长江的壮丽，也可赏城内的盛景；既可入『落霞孤鹜』的意境，又揽『晴川芳草』的气象。

浦口火车站

浦口火车站位于南京长江北岸浦口，一九一四年通车，是中国唯一完整保留的『百年老火车站』，现为全国重点文物保护单位。

浦口火车站是当年津浦铁路的终点与南北交通的要冲。孙中山灵柩运达南京、朱自清散文《背影》中的场景都与此站有关，因而具有独特的民国文化底蕴，被列为中国最文艺的火车站之一。

图书在版编目（CIP）数据

十朝都会：南京通关文牒 / 通关文牒编写组编著；好看的大力君绘. -- 南京：南京出版社, 2024.9
ISBN 978-7-5533-4916-9

Ⅰ. K928.953.1

中国国家版本馆CIP数据核字第20240MC820号

书　　名　十朝都会——南京通关文牒
编　　者　通关文牒编写组
绘　　者　好看的大力君
特约编审　高安宁
出版发行　南京出版传媒集团
　　　　　南 京 出 版 社
社址：南京市太平门街53号　　邮编：210016
网址：http://www.njcbs.cn　　电子信箱：njcbs1988@163.com
联系电话：025-83283893、83283864（营销）　025-83112257（编务）

出 版 人　项晓宁
出 品 人　卢海鸣
策　　划　谢光锋
责任编辑　张　莉
封面设计　阿　槑
版式设计　赵海玥
责任印制　杨福彬

印　　刷　中闻集团南京印务有限公司
开　　本　880毫米×1230毫米　1/48
印　　张　1.33
字　　数　4千字
版　　次　2024年9月第1版
印　　次　2024年9月第1次印刷
书　　号　ISBN 978-7-5533-4916-9
定　　价　38.00元

用微信或京东APP扫码购买

用淘宝APP扫码购买

牛首山

牛首山位于南郊风景区江宁区境内，海拔二百四十二点九米，因山顶呈双峰对峙之势，恰似牛头双角得名。东晋丞相王导称赞山之双峰为『天阙』，又名『天阙山』。

牛首山自然风光秀美，素有『春牛首』之美誉。这里文化底蕴深厚，既有岳飞抗金故垒，又为郑和长眠之所，还是释迦牟尼佛顶舍利供奉圣界。此山佛教禅宗文化源远流长，乃中国牛头禅宗的发祥地。